婚姻家庭四部曲

婚姻大考

南京市江宁区民政局
南京市江宁区妇女联合会
南京市江宁区心理学会
组织编写

陈沛然 | 汪娟娟
著

中国社会出版社
国家一级出版社·全国百佳图书出版单位

图书在版编目（CIP）数据

婚姻大考 / 陈沛然，汪娟娟著；南京市江宁区民政局，南京市江宁区妇女联合会，南京市江宁区心理学会组织编写. -- 北京：中国社会出版社，2024.5
（婚姻家庭四部曲 / 陈沛然，汪娟主编）
ISBN 978-7-5087-6989-9

Ⅰ.①婚… Ⅱ.①陈…②汪…③南…④南…⑤南… Ⅲ.①婚姻问题—中国—通俗读物 Ⅳ.①D669.1-49

中国国家版本馆 CIP 数据核字 (2024) 第 026181 号

婚姻大考

责任编辑： 张　杰
装帧设计： 尹　帅
出版发行： 中国社会出版社
（北京市西城区二龙路甲 33 号　邮编 100032）
印刷装订： 河北鑫兆源印刷有限公司
版　　次： 2024 年 5 月第 1 版
印　　次： 2024 年 5 月第 1 次印刷
开　　本： 140mm×203mm　1/32
字　　数： 42 千字
印　　张： 2.875
定　　价： 15.00 元

版权所有・侵权必究

凡购本书，如有缺页、倒页、脱页，由营销中心调换

客服热线： (010) 58124852　**投稿热线：** (010) 58124812　**盗版举报：** (010) 58124808
购书热线： (010) 58124841；58124842；58124845；58124848；58124849

丛书编审委员会

顾　问： 吴仁成　夏　旸　刘穿石

主　审： 张　兵　张　琦　郑爱明

主　编： 何　婷　聂　娟

副主编： 秦彩霞　胡元姣

编　委： （排名不分先后）

王　珊　王亚芳　王忻尧　仇屹珏

朱庆翠　刘　雪　刘敦宝　汤　乐

孙　薇　孙晓雯　芮文逸　杨　尖

李　芸　李　静　李　慧　李天宇

李玉荷　吴　天　时新雨　何翠红

张　明　张兆钰　陈　艳　郁芷洲

周　生　孟　杰　孟　瑶　胡志尚

胡勤敏　侯孝雨　昝　娟　姚　晗

徐　町　郭　雯　常　翰　彭晨宇

蒋伯然　傅蕰男　雷丽君

序一

推动婚俗改革 培育积极社会心态

婚姻,在绝大多数人的生命中扮演着不可或缺的角色,它不仅是两个人的联结,更是家庭、社会与文化传承的纽带。婚姻制度是人类社会最重要的社会制度之一,在传统的婚姻观念中,婚姻承载着无尽的情感、责任和期望。然而,随着社会的不断变迁和进步,传统的婚姻观念和婚俗习惯面临着新的挑战和问题。新时代,人们对婚姻的期望和需求发生了深刻的变化,我们需要重新审视婚姻,倡导婚姻的平等,推动婚俗文明。

2020年,民政部印发了《关于开展婚俗改革试点工作的指导意见》。《意见》指出,要大力推进婚姻领域移风易俗，传承发展中华优秀婚姻家庭文化，倡导全社会形成正确的婚姻家庭价值取向，遏制不正之风，不断提升全社会文明程度和群众精神面貌。江苏省对标对表民政部关于开展婚俗改革试点工作的有关要求，以促进婚姻稳定、家庭和谐为主线，大力培育新时代婚俗新风、和谐新风、幸福新风，切实引导青年人树立正确的婚恋观、家庭观，从"婚姻家庭小切口"做好"幸福万家大民生"，用"家庭和谐度"绘就"美好幸福图"，婚俗改革试点工作取得了一系列积极成效。

南京市江宁区作为江苏省婚俗改革试验区，围绕"缔结美好婚姻，创造幸福生活"的试验主题，在佘村建成婚恋广场，举办"银发夫妇"金婚银婚庆典；在袁家边完成婚俗文化服务内容设计并对接当地社会组织，开展"婚俗改革促文明 新办简办注新风"移风易俗主题宣传活动；与江宁传媒集团联合建设江宁区婚姻登记服务中心红苹果伊甸园结婚登记点和室外颁证基地，为年轻人打造现代化的婚姻登记服务新场景。与此同时，积极开展"爱之sheng"课堂培训、"满心欢喜遇见你"单身青年联谊、"做文明有礼南京人，养成文明好习惯"婚俗改革宣传，以及"5·20""七夕节"集体婚礼暨颁证仪式等内容丰富、形式多样的主题活动，不断为爱赋能、为幸福加分。总体来看，南京市江宁区在推广简约适度的婚俗礼仪上取得了新进展，在传承良好家风家教上取得了新成效，在培育积极向上婚俗文化上取得了新突破，聚力打造出了婚俗改革鲜活的"新样板"。

作为社会向上向善的最小单位，婚姻家庭是复杂而多变的社会现象和社会关系的缩影，需要我们用心经营和发展，而心理学作为研究人的科学，涉及生活的方方面面。因此，推行婚俗改革，除了一揽子制度和举措，还需要有心理学的专业指导。"婚姻家庭四部曲"丛书通过对南京市江宁区婚姻家庭辅导工作实践中具体案例的系统梳理和深入剖析，将婚俗改革与心理学有效结合，为我们提供了一种全新的思考方式和行动路径。丛书作为婚姻家庭心理健康的普及教育读物,触碰到了婚俗改革中的不少个体困惑和社会关切,如恐婚恐育、亲子关系、婆媳纠纷等,"以小见大"地探讨了婚姻与家庭关系中的社会心理问题,能帮助我们更好地理解婚姻家庭生活中的个体需求和心理机制,为推动婚俗改革和培育积极社会心态提供重要支持。

江苏省民政厅编写指导组
2024 年 2 月

序二

转变观念　收获幸福

婚姻是家庭的纽带，家庭是社会的细胞。中华民族历来重视婚姻家庭建设，强调"治天下者，正家为先；正家之道，始于谨夫妇"，强调"夫妇之道不可以不久也，故受之以《恒》"。习近平总书记在2016年12月会见第一届全国文明家庭代表时指出，"家庭和睦则社会安定，家庭幸福则社会祥和，家庭文明则社会文明"。可以说，婚姻幸福事关民生福祉，家庭和谐事关社会稳定，婚姻家庭命运联系着国家民族的命运。

但几十年来，随着人们思想观念、行为方式和价值追求的巨大变化，婚姻家庭观念淡化、矛盾纠纷增多、稳定性下降、功能弱化等也成为越来越严重的社会问题，亟待国家的宏观政策和地方的具体实践予以调节和引导。正是带着这种现实关怀和责任使命，笔者在担任民政部社会事务司婚姻管理处处长期间，主持起草了《关于开展婚俗改革试点工作的指导意见》《关于加强新时代婚姻家庭辅导教育工作的指导意见》等一系列政策文件，在全国范围内部署开展婚俗改革试点工作，推动普惠性婚姻家庭辅导服务的发展。《关于开展婚俗改革试点工作的指导意见》提出，要开展婚姻辅导，提供婚内心理调适服务，帮助夫妻学习经营婚姻、化解婚姻危机的技巧。《关于加强新时代婚姻家庭辅导教育工作的指导意见》提出，要开发婚前辅导课程，编写教材和宣传资料，在婚姻登记大厅通过宣传栏、视频、免费赠阅等方式宣传婚姻家庭文化、家庭责任、沟通技巧、家庭发展规划等，帮助当事人做好进入婚姻状态的准备，学会经营婚姻，努力从源头上减少婚姻家庭纠纷的产生。

令人欣慰的是，婚俗改革试点和婚姻家庭辅导服务得到地方党委、政府和社会各界的积极响应,形成了层层抓婚俗改革试点的良好氛围,婚姻家庭辅导服务也呈现出覆盖面逐步扩大、机制创新有序推进的大好局面。在此过程中,各地区探索形成一大批理论创新、实践创新和制度创新成果,南京市江宁区民政局联合江宁区妇女联合会、江宁区心理学会共同编写的"婚姻家庭四部曲"无疑是其中的一颗硕果。这套书带领大家一起领略婚姻幸福的内涵,并探讨如何利用心理学的知识和方法来增进婚姻的质量和稳定性。首先,从婚姻的起点开始,探讨了爱情的化学反应、选择伴侣的标准,以及如何建立健康的恋爱关系。其次,深入探究夫妻之间的沟通与冲突,以及婚姻中的情感需求,叙述了如何维持和增进夫妻之间的亲密和满足感。再次,进一步讨论了如何更加科学地养育孩子,帮助孩子建立健康的心理基础。最后,聚焦大家庭的成长与发展,讨论如何共同实现个体目标和家庭幸福。书中涉及的每一个话题都与我们的婚姻家庭生活紧密相关,例如"心跳加速就是爱情吗?""何来那个'出气筒'?""是什么让你向'生娃'妥协?""为什么'隔辈亲'?"等等。作者运用心理学的相关经典理论进行了深入浅出的阐释,以帮助我们更好地应对婚姻生活中的问题与挑战。

"千淘万漉虽辛苦,吹尽狂沙始到金。"相信,每个人都能从这套书中收获婚姻家庭幸福的密码和智慧,成就持久而充满爱意的婚姻和家庭。也祝愿江宁区在未来的婚俗改革实践中创造出更加丰硕的成果!

是为序!

郝海波
北京工业大学教授
2024 年 1 月

序三
婚姻幸福需要一点心理学

在人类社会中，婚姻一直被视为一种重要的社会制度和人生经历。它不仅是两个人之间的约定和承诺，更是一段情感的旅程，一个家庭的基石。然而，婚姻既美好又复杂，其中蕴含着许多挑战和困惑。我们可能会陷入焦虑、压力和负面情绪之中，也可能陷入自我怀疑和自卑的困境，无法真正满足自己的需求和期望。因此，要想维系一段长久而幸福的婚姻关系，仅仅凭借爱和责任感可能是不够的。在这个现代化、多元化和快节奏的社会中，我们需要更多的工具和知识来帮助自己理解和处理婚姻中的各种问题。正是在这样的背景下，心理学的角色变得愈发重要。

心理学作为一门研究人类思维、情感和行为的学科，为我们提供了深入了解婚姻关系的工具和框架。它帮助我们认识到婚姻是一个复杂的生态系统，受到个体差异、家庭背景、文化价值观等多种因素的影响。通过心理学的视角，我们能够更好地理解婚姻中的矛盾冲突、沟通问题、情感需求，以及个体成长与自我实现的平衡。这套书带领大家一起探索婚姻幸福的内涵，并探讨如何利用心理学的知识和方法增进婚姻的质量和稳定性。同时，这套书还深入剖析了婚姻家庭生活中的常见问题，并从心理学的专业视角为我们增进了一点保持幸福的智慧。相信无论是新婚夫妻、长期伴侣，还是面临婚姻困惑的人，都可以从书中获得有益的指导和启示。

这套书的结构是按照婚姻的不同阶段安排的，并运用心理学的相关经典理论进行了深入浅出的阐释。从恋爱到婚姻，从个体到家庭，许多人误以为美满婚姻的关键在于找到一个"合适的对象"，但实际上，真正的秘诀在于让对方以及自己变成"合适的对象"，愿意陪伴彼此一同成长、共同面对来自生活的诸多挑战。只有这样，我们才能在婚姻的道路上携手共进，拥有健康的两性关系并创造出和谐幸福的家庭氛围。这套书围绕"两性关系""夫妻情感""儿童心理""家庭氛围"等多个话题，对"如何拥有健康的婚姻生活"这一问题展开了专业的分析，并给出了可供借鉴的合理建议。同时，每本书还附有相关的心理评估问卷，可供感兴趣的读者进行自评，以更好地自我觉察，帮助我们正视自己的内心，了解自己的需求和期望，从而学会相互理解、彼此包容，通过共同成长真正理解婚姻的真谛。

婚姻幸福需要一点心理学。祝愿我们都能从书中收获智慧和幸福，用"心"成就一段持久而充满爱意的婚姻关系！

马向真
东南大学应用心理研究所所长、教授、博士生导师
江苏省心理学会副理事长
江苏省家庭教育研究会副会长
2024年3月

引言
共担的婚姻责任

婚姻，是一场旅程，充满着承担与分享。不管您是刚刚准备踏上婚姻的征程，还是已经与另一半携手走过多年，婚姻这个主题都充满了神秘和趣味。它既是两颗心的奇妙交会，又是一段共同肩负责任的旅途，充满着矛盾与挑战，还有难以预测的欢乐和惊喜。

婚姻的真正含义在于，它代表了自由的选择和坚定的承诺。婚姻从来不是一种强制的束缚，而是两个成年人出于自愿，在婚姻证书上留下的珍贵承诺。这种自由选择和承诺的精神，鼓舞着我们全心投入，去精心呵护，打造一个更美好的家庭和社会。而这个美好的家庭和社会，将会为我们个人和整个社会的发展注入远超预期的力量。

如今的年青一代更加勇敢地探求个人自由和事业成功，却也因经济和住房压力而对婚姻感到犹豫。同时，我们也不禁思考：为何结婚似乎总伴随着巨大的经济和住房压力？为何彩礼问题经常成为引发激烈争论的话题？为何那些不文明的"婚闹"行为屡见不鲜？……这些问题促使我们重新审视传统文化习俗在当代婚礼仪式中的真正价值和意义，深入挖掘婚姻与文化交织的深层内涵。

与此同时，在婚姻中，"小矛盾"和"大分歧"都是经常会引发双方争吵的"导火线"。那么，如何更好地表达和处理这些矛盾呢？虽然我们常说婚姻是一段两人的旅程，但为何我们往往会困扰于"TA不懂我"的偏见？为何总是难以达成共识，重复着相同的错误？为何一点小事就能引发我们的崩溃，而我们总是不喜欢完美的人？……这些问题增加了婚姻的复杂性，也是我们将要一同探索和解答的谜团。

这些问题共同勾画出了婚姻中的复杂挑战。在接下来的探讨中，我们还为您带来一份特殊的礼物——

婚姻大考 ❤

"中国人婚姻质量问卷"（CEMI），这是一个可以帮助我们解开婚姻之谜的心理卫生自评工具（如下所示）。通过参与，您将有机会更深入地了解自己以及您与伴侣之间的关系，更快乐地享受婚姻之旅。这将是一次深刻的自我探索，同时也是与伴侣更亲近的机会。让我们一同踏上这段充满挑战和神秘的婚姻之旅，开启探索婚姻的新篇章吧！

中国人婚姻质量问卷

  主要用于判断婚姻的满意程度和识别婚姻冲突。由无锡市精神卫生中心（江南大学附属精神卫生中心）主任医师程灶火于 2004 年编制。

目录 Contents

001 / 年轻人因何越来越"恐婚"

005 / 一定要奉"房"才能成婚吗

009 / 为什么彩礼会开出"高价"

013 / 结婚为什么需要仪式

017 / "婚闹"该何去何从

021 / 何来那个"出气筒"

025 / 我对 TA 何来"偏见"

028 / 为什么你跟 TA 总是说不到一块儿去

033 / 为什么你总会犯相同的错

037 / 为什么一点小事就能让我们崩溃

041 / 我们为什么不喜欢完美的人

045 / 为什么我们要穿得一样

049 / 哪里来的"夫妻相"

053 / 为什么"家暴"会陷入循环

057 / 是什么让你向"生娃"妥协

062 / 参考文献

065 / 跋　让心理学成为婚姻家庭生活里的
　　　　"调味剂"

年轻人因何越来越"恐婚"

在我们决定要不要结婚时,只有发自内心地想和另一半一直走下去,我们才能觉察出真正的幸福。也只有我们自己亲自去尝试了,才能知道另一半是不是真正适合自己。

"有对象了吗?""什么时候结婚呀?""这么大年纪了还不结婚,你将来怎么办?"……这些都是亲朋好友对年轻人幸福的"关心",而这些"关心"对于年轻人而言却是一种负担,甚至使其充满了恐惧。当今社会，三十多岁结婚已经成为常态，有的年轻人甚至会选择和伴侣长期保持恋爱关系，不婚不育。根据民政部发布的数据，我国从 2017 年起结婚人数开始出现下降趋势，2019 年结婚人数首次跌破 1000 万对。2021 年，全国登记结婚的人数仅 763.6 万对，而登记离婚的人数达到了 213.9 万对。究竟是什么原因让不少年轻人越来越"恐婚"？

从著名心理学家班杜拉（Bandura）提出的社会学习理论（social learning theory）中似乎可以找到一点答案。班杜拉认为，社会学习的核心是观察学习（observational learning）。我们在生活中有意无意地会观察他人的行为，之后我们通常会有两种选择，可能会去简单地模仿他人的行为，也可能在观察中总结出这种行为所带来的后果，并大概知道自己要不要这样做，这就是替代性强化（vicarious reinforcement）。这些大概可以部分地解释年轻人"恐婚"的原因：也许是因为自身原生家庭的不幸，也可能来自身边亲朋好友或媒体对一些婚姻家庭负面事件的报道。不少年轻人在

"社会学习"的过程中发现,"结婚"行为所带来的并不一定是幸福甜蜜的婚后生活和美满和睦的家庭,也许需要面对的是难以承受的经济和生活压力,甚至是精神与肉体上的痛苦、折磨和背叛,并由此产生了替代性强化。所以,面对未来婚后生活的巨大的不确定性,面对可能会重蹈身边人覆辙的可能性,他们很可能会对婚姻产生恐惧,并可能选择晚结婚或不结婚。与之类似地,有的年轻人可能观察学习到,身边也有不少没有结婚或离婚的人的生活依然过得很不错,这种"榜样"或"示范"效应让他们也选择不结婚。

虽然,班杜拉的理论可以帮助我们理解为什么越来越多的年轻人会"恐婚",但我们要认识到,每个人、每个家庭都有各自的差异,我们的性格、思维方式、处世习惯等不尽相同,所以别人的婚姻故事不能完全地代替我们自己的婚恋经验。同时,我们自己内心真实的想法也非常重要。在我们决定要不要结婚时,只有发自内心地想和另一半一直走下去,我们才能觉察出真正的幸福。也只有我们自己亲自去尝试了,才能知道另一半是不是真正适合自己。相信，只有用心经历和感受婚姻，才能得到内心世界的丰盈。

往前一步是幸福，退后一步是孤独。如果你对幸福的婚姻家庭生活依然有憧憬，不妨鼓起勇气爱一次，用自己的实际行动体验和感受婚姻生活。甜蜜也好，不如意也罢，这些酸甜苦辣的瞬间构成的正是我们的生活。

一定要奉"房"才能成婚吗

在双方可以承受的范围内奉"房"成婚固然是无可厚非的,但如果力不从心,也请记得,双方的理解、信任才是幸福的关键,与另一半的相互支持、彼此依靠才是婚姻真正幸福安全的根源。

"婚房在什么地段?父母是做什么工作的?""房子装修了吗?车子多少万的?""月薪8000,三甲医院护士,要求有房(必须)有车。"……如果你去过全国任何一个地区的相亲角,我想这样的问话和征婚标语你一定不会感到陌生。现如今，公园相亲角似乎已经成了全国各大城市的"标配"，相亲角里聚集着各行各业、各个年龄段对婚姻有着强烈渴望的人，他们可能是二十几岁风华正茂的年轻人，也可能是三十几岁正值壮年的职场精英，还可能是五六十岁为儿女婚事烦心的父母……你无须细致入微地观察都会发现一个现象，那就是无论什么身份、什么年龄段的人前来相亲，都会在自己的"A4名片"上明确标注一个条件——"房子"。女性要求男性必须有一套自己的房子，而男性也常以有房来显示自己是一个可以托付的人。房子，似乎已然成为结婚的一个必要条件。更有甚者说，有了房子你才算真正拥有了婚姻的入场券。究竟是什么原因让人们对奉"房"成婚这件事如此执念？

也许，可以从心理学家马斯洛（Maslow）提出的需求层次理论（hierarchy of needs）中找到答案。他把人类的需求划分成生理需求、安全需求、归属与爱的需求、尊重需求、自我实现需求五个层次。他强调，任何一个人的动机都是由其需求决定的。并且，在每一个人生阶段，都会有一种需求占主导地位，而其他需求则处于从属地位。同时，马斯洛也指出，这五种需求并不是严格的递进关系，而是由低到高逐级呈波浪式地推进并得到满足的过程，在低一级需求没有完全满足时，高一级需求可能已经产生了。

由此可见，大家如此热衷于奉"房"成婚，正是对安全需求的一种渴望。从 20 世纪五六十年代的几尺花布，到 70 年代的"三转一响"，再到 80 年代的"三大件"，然后到 90 年代的"三金一银"……无论时代怎样变迁，物品如何变化，归根到底都是人们对婚后安全稳定生活的一种追求。女方希望自己嫁一个安全可靠的男人，而男方也希望给女方一个安全稳定的生活环境，双方在力所能及的范围内共同努力创造属于自己的安心小家。现如今，人们对婚姻的态度更加自由，思想也更加开放，加剧了婚姻的不稳定性，进一步加深了恋爱双方对婚姻安全感的渴望，这些代表安全感的"筹码"随即也就变成了房子、车子、票子。

对婚姻物质要求的提高,一定能提升婚姻的幸福感和安全感吗?也许并不是这么绝对。相信我们都听说过这样的话,有人坐在宝马车里哭,也有人坐在自行车后座上笑。在双方可以承受的范围内奉"房"成婚固然是无可厚非的,但如果力不从心,也请记得,双方的理解、信任才是幸福的关键,与另一半的相互支持、彼此依靠才是婚姻真正幸福安全的根源。

为什么彩礼会开出"高价"

彩礼本是新婚夫妻开启美好家庭生活的起点,切莫让"高价"成为本就来之不易的爱情的终点。

"结婚?那你要先学会贷款!"这是互联网上一位网友对婚姻彩礼的调侃。彩礼,是中华民族流传至今的一个传统习俗。在中国古代的订婚仪式上,男方家庭会以订婚男子的名义送给女方一份由金钱和物品两部分构成的"彩礼"。其中,"钱"代表聘金,"物"代表聘礼。女方在收到彩礼后,也会回赠男方一些物品，称作"回礼"。彩礼中的物一般是价高且实用的物品，回礼一般为订婚女性亲手制作的物品。在传统习俗中，彩礼最初的寓意是在双方家庭可承担的范围内，从父母的美好愿望出发，送给新婚夫妻的一笔新家庭的"启动资金"。而到了当代，彩礼被赋予了更多的物质含义，有的甚至成为不少家庭的沉重负担。"1888万高价彩礼""结婚贷""情侣因彩礼未谈拢分手"，类似的新闻屡见不鲜。为什么明明是代表美好祝愿的彩礼却成了压倒爱情的最后一根稻草？

或许，可以从社会认同理论（categorization identity comparison theory）中窥见原因。社会认同理论最早由社会心理学家塔菲尔（Tajfel）提出，他认为个体在社会中寻求认同和接纳的需求驱使下，会采取符合社会期望的行为。这其中，主要包含类化、认同、比较三个基本历程。类化是我们将自己编入某一社群，认同是认为自己拥有该社群成员的普遍特征，而比较是评价自己认同的社群相对于其他社群的优劣、地位和声誉。我们通常会在不知不觉中通过这三个历程抬高自己的身价和自尊。

为了证明社会认同理论,塔菲尔和他的同事曾经做过一项实验,他们召集了一批15岁左右的男孩作为被试者,让他们观看Klee和Kandinsky两位著名画家的画作,看完之后,这些男孩被告知一个信息:实验者会根据他们对于Klee和Kandinsky画作的偏好将他们分为两组,但是并不告诉他们谁和自己同组意味着什么、组别之间意味着什么以及分组后有什么得失等。随后,实验者将这些男孩一个一个地单独带到小隔间里,发给他们一些虚拟的货币,并要求他们将这些虚拟货币分发给两个组中的其他成员。在此过程中,他们知道的信息只有其他男孩所属的组别。最终的实验结果是:这些男孩在不知道分组意味着什么以及虚拟货币意味着什么的情况下,都更倾向于把奖励分发给同组的人。这项经典的实验研究表明:人们往往只需要哪怕一点点"借口",就可以形成群体,并开始"歧视"不属于这个群体的其他人。有时候,人们也会通过一些外在条件企图彰显自己的身份和地位,以显示自己所处群体与其他群体的不同。

在当今社会中,高价彩礼或许也是社会认同理论的一种表现。当彩礼被视为一种炫耀财富和社会地位的象征时,男方的家庭就可能希望通过支付高额彩礼来展示自己的经济实力和社会地位,女方家庭也希望可以通过收受高额彩礼这种方式来显示女性"嫁得好",并以此来赢得旁人的认同和尊重。在这种互相攀比的氛围之下,彩礼水涨船高,甚至出现"高价"。不过我们要认识到,彩礼本是新婚夫妻开启美好家庭生活的起点,切莫让"高价"成为本就来之不易的爱情的终点。

结婚为什么需要仪式

随着时代发展变化的脚步,婚礼仪式的表征形式可能会发生改变,但对于幸福美满的婚姻家庭生活的寄寓和憧憬从未改变。

在《小王子》一书中,小王子问狐狸:"仪式是什么?"狐狸说:"它就是使某一天与其他日子不同,使某一刻与其他时刻不同。"仪式感是对生活的珍重,它提醒我们生命中重要的人和时刻,并从中感受到爱、希望和生生不息的力量。越是长久的感情,越需要爱的仪式，结婚时的婚礼就是一种仪式。婚礼的大操大办是流传已久的传统，在以往，仿佛没有锣鼓齐天、红旗招展、鞭炮齐鸣的婚礼就不叫婚礼。举办婚礼不仅是中华民族的传统，对于结婚的新人而言，也是非常重要的仪式。当然，不仅结婚需要仪式，生活中处处都有仪式存在，就像中秋节要吃月饼、端午节要吃粽子、情人节要送爱人玫瑰……那么，生活里为什么需要这些仪式呢？

著名心理学家琼格（Jung）曾提出"集体潜意识"（collective unconscious）来解释社会中的习俗和仪式。他认为，人格结构由三个层次组成——"意识"（自我）、"个人潜意识"（情结）和"集体潜意识"（原型）。琼格曾用"岛"举例：露出水面的那些小岛是一个人能感知到的意识；由于潮来潮去而显露出来的水面下的地面部分，是个人潜意识；而岛的最底层作为基地的海床，是我们的集体潜意识。在琼格看来，集体潜意识是一个民族，甚至全人类共同拥有的潜意识。在大部分中式传统家庭的婚姻中，婚礼上的一些繁文缛节的仪式是不可或缺的，几乎每场婚礼都要有"接亲迎亲""拜天地""闹洞房"这些仪式，这其实就是集体潜意识的一种表现。自古以来，中国的婚礼就有"三书六礼"的习俗（即聘书、礼书、迎亲书，以及纳采、问名、纳吉、纳征、请期、亲迎），那时候的人们通过这些仪式来表达心中对美满婚姻生活的向往，并且这样的思想逐渐深入每个社会成员的心中，成为社会集体的潜意识。于是，当提到"婚礼"这个词的时候，即使没有太多参加婚礼的经验，你大概都会下意识地想象出那些盛大的婚礼仪式和场景。所以，当有人提出"旅行结婚"等其他想法时，大概率会被很多人认为是不合"规矩"的，因为在他们这一辈人的集体潜意识中，没有婚礼就不算结婚。总之，集体潜意识是祖先们遗传给我们的生存经验、情感体验，就像是一组遗传基因密码，虽然我们觉察不到它的存在，但它却无时无刻不在影响着我们的决策、性格、心理，就像大多数人认为正常的人生轨迹就应该是结婚生子、成家立业一样。在集体潜意识潜移默化的作用下，我们可以更好地融入社会群体当中，并建立起内心的安全感和归属感，婚礼的仪式同样也是如此。只不过，随着时代发展变化的脚步，婚礼仪式的表征形式可能会发生改变，但对于幸福美满的婚姻家庭生活的寄寓和憧憬从未改变。

"婚闹"该何去何从

中国文化讲究修身养性,克制性欲是其中一个重要的部分。我们不公开谈论关于"性"的话题,因为这在我们的传统中是不道德的、不合礼数的。所以,只能通过其他途径去寻求发泄。

在电视剧《幸福到万家》中,故事开篇就直陈社会陋习,将恶俗"婚闹"展现在了电视屏幕中。首播一出,与"婚闹"相关的话题就被冲上了微博热搜。在电视剧中,女主角何幸福的妹妹何幸运,在姐姐的婚礼上当伴娘，却被以村支书儿子为首的村霸一行人，以"婚闹"的名义关进屋子里聚众猥亵。还好何幸福及时赶到，踹门砸了村霸，这才制止了更严重的悲剧的发生，不过还是给何幸运的身心带来了重创。当何幸福后续要帮何幸运维权时，何幸福的婆婆却把村霸的猥亵侮辱行为诡辩为"闹喜闹喜，越闹越喜"。近年来，很多"婚闹"陋习在各种报道中层出不穷，相比《幸福到万家》里的情节，有过之而无不及，甚至还出现了伴娘坠楼身亡的惨剧。为何好好的婚礼经常会被"婚闹"越闹越低俗呢？

著名心理学家弗洛伊德（Freud）建立了心理学史上第一个系统的人格结构理论（Freud's theory of personality structure）。他提出，完整的人格结构由三大部分组成，即本我（id）、自我（ego）和超我（superego）。"本我"位于最底层，代表个体的原始冲动和欲望；"超我"位于最高层，代表个体内化的道德规范和社会规则；而"自我"作为中间层，在其中起到非常重要的作用，需要协调和平衡"本我"和"超我"之间的冲突和矛盾，维持个体的平衡和适应。虽然，在社会道德约束下，"超我"会将"本我"中的部分欲望压抑到无意识中，我们会否认，甚至无法感知到部分欲望的存在。但是，"本我"依然具有很强的原始冲动性，并不会凭空消失，反而会在梦里出现，或在一个合理化后的状态下被发泄出来。

中国人骨子里秉承的性文化是压抑的、不可明说的。曾经的"婚闹"习俗是盲婚哑嫁时代，给无数代新人的一节最原始粗暴的性启蒙公开课，目的是帮助新人扯下"性"的遮羞布，顺利进入亲密夫妻的身份当中。中国文化讲究修身养性，克制性欲是其中一个重要的部分。我们不公开谈论关于"性"的话题，因为这在我们的传统中是不道德的、不合礼数的。所以，性的欲望，也就是弗洛伊德所说的"本我"，一直被道德的"超我"所压抑，并只能通过其他的途径去寻求发泄。在中国传统婚俗文化中，留给了我们一些机会去表达这样的压抑，在恰当场合的性意象游戏中完成释放，"闹洞房"的大多数游戏正是这种性意象的游戏。游戏中，人们压抑许久的性冲动得以发泄。并且，既然是游戏，自然是越闹越喜，主人也应该给足客人面子，因为都是闹着玩的。

如今，盲婚哑嫁的年代早已过去。随着性知识和性文化的普及，新人圆房已不再需要他人"帮助"，传统文化中的性压抑观念也得到了极大的缓解和改善。至此，流传已久的"婚闹"或许早已失去了原有的功能，我们不应再助长其成为别有用心之人在公众场合行不文明之事的正当由头。

何来那个"出气筒"

寻找"出气筒"的做法,并不会让坏情绪消失,只是利用对方的容忍将"情绪炸弹"暂时抛了出去而已。

生活中你有当过"出气筒"的经历吗?明明自己没有做错什么却承受了别人发泄的一通怒火。比如,在家庭生活中,妈妈总是在心情不好时更加嫌弃我们的作息;又比如,在工作场景下,领导总是在心情不好时更加挑剔我们的工作;再比如,在恋爱关系里,对方总是在心情不好时更加反感我们的言行……哪怕反过来换成我们自己，也会在心情不好的时候产生看什么都不顺眼的感觉，而此时出现在我们周围的人就很可能会承受无妄之灾。每当我们无端成为"出气筒"或让别人成为"出气筒"时，这个世界上就会多一个在无辜和委屈中逐渐开始心绪不佳的"受气包"，甚至这种负面情绪还会不断蔓延下去。那么，何来那个"出气筒"呢？

心理学家弗洛伊德将这种把消极情绪转移给他人用来发泄的方式称为置换（displacement）。这是一种消极的心理防御机制，说的是当我们无法直接向某一对象表达态度、情感时，只能把这种情绪转向其他自认为是安全的、能被社会或自己接受的对象身上，以减轻自己的焦虑，这时"出气筒"就产生了。人是情绪化的动物，并且这种情绪还总带有很强的信号功能和组织功能，所以我们常说"快乐会传染"。其实，负性情绪的传染性更强。心理学上著名的踢猫效应就描述了由不满情绪引发的一连串连锁反应：一位父亲在公司因工作失误受到老板批评，赔着笑脸强忍怒气回到家，把躺着看电视的孩子骂了一顿。孩子不能对爸爸发脾气，心里委屈，狠狠踢了一脚身边的猫撒气。猫受到惊吓，逃窜到大街上，正巧一辆卡车开过来，司机赶紧避让，最终还是将路人撞伤。踢猫效应描绘的负面情绪传递过程，就是典型的将自己在别处产生的怒火向比自己社会地位、权力等更低的弱小者传递，以将自己的不满发泄到"出气筒"身上的过程。

所以，现在回想一下那些曾经莫名对我们发火的人，是不是在他们眼中，我们是怒火转移的安全对象？再回想一下自己莫名发火的时候，是不是也因为对面是我们认为可以接受怒火的人？其实，在生活中，我们每个人都可能成为踢猫效应链条上的一个环节，遇到"弱小"就将愤怒转移出去，遇到"强者"就默默成为他的"出气筒"。久而久之，这个坏情绪的传播链就会严格遵守"弱肉强食"的法则，慢慢地侵蚀无辜的人，直到找到那个最弱小的群体。可这不就是欺软怕硬吗？本身有了不良情绪想要发泄是再正常不过的心理，通过运动、倾诉，甚至是落泪，都可以温和地释放出来，并归于内心的平静，也不会波及其他人。而寻找"出气筒"的做法，并不会让坏情绪消失，只是利用对方的容忍将"情绪炸弹"暂时抛了出去而已。事实上，没有一个人有义务替他人消化坏情绪，那个被我们选中接住"炸弹"的人，之所以容忍，不过是因为他们不敢、不愿或不忍。

❤ 我对TA何来"偏见"

那些可能的美好、应该的感动,在引起你的注意之前,就自然而然地被你在心理上削弱了。所以,主动感知、积极觉察,放下对TA的那层偏见,也会让我们变得更加幸福。

曾听到很多人抱怨婚后生活,认为由于很多女性选择追求经济独立,忽略了家务能力的提升,导致结婚后生活一团糟,故而男性觉得另一半这也不行那也不行,甚至把家庭不幸福的原因归结到另一半身上。

他们对婚姻抱着固有的偏见，认为女性结婚后就应该以家庭为主，要会做饭、会带娃、会省钱，最好还要有收入。在中国人的传统观念里，始终保留着"贱内"思想，对外不给另一半一分薄面。"贱内"本是男人向别人介绍妻子的自谦之词，但说着说着就以为真的是贱内了，大抵是男人害怕在家中失去了在女人面前的话语权。那么，这样的偏见究竟从何而来？

心理学家特雷斯曼（Treisman）在 1964 年提出了注意选择的衰减理论（attenuation theory）。她认为，当大量的信息进入我们的感知范围后，只有那些对我们而言有意义的信息才能够被我们注意到，其他那些不重要的信息并不是完全消失了，只是对于我们来说暂时没有意义，虽然其影响大大被减弱，但仍在我们的感知范围内，且还有机会在今后被我们的意识所反映。这就好比在经典的鸡尾酒会效应（cocktail party effect）中，我们在喧闹的场所谈话时，尽管噪声很大，还是可以听到朋友所说的内容，但却很难听清楚周围无关的人都在谈论些什么。不过，如果此时远处有人提到我们的名字，我们仍然能马上注意到。其实，一开始"路人"的谈话声就像是在我们心理上被"削弱"了一样，但在提到与我们自身有关的事情时，又会被猛然"放大"，好让我们能够注意到。

外界事物在一定程度上确实能够影响我们注意力的选择性，而且这样的事例在生活中并不少见：上课做笔记时，我们用色彩鲜艳的马克笔做记号，是为了提醒自己复习时只关注马克笔下"有意义"的内容；微信公众号文案中多以第一人称起笔，也是为了制造出"与我有关"的感觉，以吸引读者的注意力。其实，我们在婚姻和家庭生活中的偏见也是一样的。那些可能的美好、应该的感动，在引起你的注意之前，就自然而然地被你在心理上削弱了。我们往往只注意到自己想要注意的事情，而不知不觉中忽视了其他，这听起来似乎略有些遗憾。对外界事物不自觉地衰减，可能会让我们错过很多。明白了这一点，或许能让我们在今后的生活中主动感知、积极觉察，放下对TA的那层偏见，这也会让我们变得更加幸福。

为什么你跟 TA 总是说不到一块儿去

良好的沟通模式需要实现自我、他人和情境三个元素的统一，压抑或放大其中的任何元素都会导致沟通过程中与对方"连接"失败。

生活中，我们在跟他人沟通时常常有这样的感受：为什么我跟他总是话说不到一块儿去，聊着聊着就不在一个频道上了？比如，和父母聊工作上的不顺心时，总是一方在说委屈，另一方在说为人处世的道理；和伴侣聊生活中的小分歧时，总是一方在说事情本身，一方在说态度问题；和网友聊对某个演员的评价时，总是一方在说演技，一方在说他有多努力……诸如此类的"跨服聊天"往往最后会演变成自说自话，双方既无法讨论出一致的结果，又因为互相不理解而积累一肚子的怨气，久而久之甚至会开始逃避沟通或是恶言相向。那么，到底为什么会出现这样"驴唇不对马嘴"的无效沟通呢？

心理学家萨提亚（Satir）提出，良好的沟通模式需要实现自我、他人和情境三个元素的统一，压抑或放大其中的任何元素都会导致沟通过程中与对方"连接"失败。据此，萨提亚最早在家庭成员的相处中根据这三个元素的不同组合，归纳出五种不同的沟通类型。第一种是只关注情境和他人的讨好型，这种类型的人在沟通时会忽略自己，通过自我牺牲来维持与他人之间的表面和谐，但其实内心会经常感到委屈；第二种是只关注情境和自己的责备型，这种类型的人在沟通时会摆出高高在上、不容反驳的姿态，认为自己的观点才是正确的，导致他人在沟通中感到被贬低和伤心；第三种是只关注情境的超理智型，这种类型的人在沟通时会漠视自己和他人的内心感受，喜欢摆事实讲道理，追求极度客观公正，他们看上去总是非常镇定，让人感到冷漠和难以接近；第四种是自我、他人和情境都不在乎的打岔型，这种类型的人在沟通中总是企图把别人的注意力从正在讨论的话题上引开，通过搅乱的方式来回避问题。不难发现，前四种沟通方式都存在各种各样的缺陷，属于一个人在压力和压抑下选择的沟通方式。而最后一种一致型沟通（consistent communication）则是我们都应当追求的理想方式，即萨提亚所说的表里一致的沟通方式。沟通过程中，我们重视自我、他人和情境，语言上带着感受和思维，既可以表达自己的期待、愿望、不喜欢，也愿意聆听别人的喜怒哀乐，在彼此分享的同时，也能顾及环境。

那么，你有没有从这五种沟通类型，尤其是前四种类型里找到自己和身边人的影子呢？是否回想起生活中一些插不上话、抹不开面、讲不清楚的时刻呢？在那些我们"说不到一块儿去"的例子中，双方一定在自我、他人和情境中存在未实现平衡的元素。其实，一致型沟通不仅是自己与对方之间的一致，也是我们内在想法和外在表达的一致。很多失败的沟通都是以自己的心口不一为起点的。比如，当我们因为某件事明明内心很不开心，嘴上却还要说自己"完全不在乎"；又比如，我们明明对对方的遭遇感到很心疼，出口却总是"你这样哭哭啼啼有什么用"。这样的表达只会造成误解，并不能在沟通中帮助对方理解我们的想法和感受。有的人可能会认为，虽然我没说，但是这些不是他应该想到的吗？可是同样的，对方也会这么认为。两个人如果都靠着对对方的想象完成沟通，那只能是越来越偏离真实的主题，因为这个世界上最了解我们的人只有自己，那些不被表达出来的想法和感受，其他人就更难注意到它们的存在了。诚然，能够实现一致型沟通是非常不容易的，真实生活中我们总是会说着说着就不自觉地忽略了其中的某些元素，陷入一些自动的、习惯性的表达中。不过，如果我们现在能够认识到沟通中存在的问题，就已经迈出了改变的第一步，只要不断地尝试，我们就一定能慢慢在表达与回应中找到适合彼此的节奏。

为什么你总会犯相同的错

　　人其实也可以避免犯相同的错误,但前提是他首先正视了自己的内心需求,并且尝试了不犯这种错误能生活得更好的新的体验,只可惜这样的机缘并非我们每次都能遇见和把握。

　　古希腊哲学家赫拉克利特曾说:人不可能两次踏进同一条河流。然而,现实可能要将这句话打破了。因为你会发现,你的人生常常有种宿命般的循环——从小讨厌父亲的唠叨,长大后发现自己唠叨起小孩来跟父亲当年一模一样；你总想要摆脱母亲的严苛，结果长大后偏偏娶了一位"严苛"的老婆；更有甚者，小时候被父母抛弃，成年后发现身边的人总会以同样的方式"抛弃"自己……这种循环，仿佛一个怪圈，让你不停验证自己内心的预言——我就是会被这样对待！如果你也经历过类似的"重复"，你可能会绝望地说：唉，这都是命吧。其实，这一切另有原因！

一百多年前，一位著名的心理学家在观察小孩子的行为时发现，孩子在妈妈离开房间后，会把他最喜欢的玩具从床上扔出去，再哭闹着把玩具要回来，并不断地重复这个过程。这位心理学家正是弗洛伊德，他把这种现象称为强迫性重复（compulsive repetition）。也就是说，孩子在经历了一件痛苦或者快乐的事情后，会不自觉地反复制造同样的机会，以便体验同样的情感。小孩把最喜欢的玩具扔出去再要回来，其实是孩子把玩具当成了妈妈的替代品，他们不断扔掉这个玩具再重新得到，是在不断地重复体验妈妈时不时离开自己的痛苦，这样才能将自己不能控制妈妈离开变成一种自我可控的行为。弗洛伊德认为，在这个过程中，只要这个孩子无法真正意识到这一点，他就会一直保持相同的模式长大，陷入强迫性重复的怪圈。

　　试图"控制体验"，正是我们情感需求未被满足的体现。就像孩子扔洋娃娃一样，我们仿佛在告诉自己——妈妈是因为我扔洋娃娃才会来看我而又离开我，这是我自己"一手操控的"。这样，我们才能接受"妈妈其实就是会离开自己，不会每时每刻都陪伴自己"的悲伤事实。而也正因为如此，我们从小就养成了一种固定的防御悲伤的方式。这也就不难理解，为什么长大后，你的人际关系似乎总保持固定模式——你不断被发"好人卡"，你身边的朋友走走停停总是难以维持；或者你是吸引"坏男人"的体质，你的每一个恋爱对象似乎都有相似之处……而你，也从未真正看清过自己的内心需求。试想，一个从小吃馒头蘸盐的人，怎么能真正明白馒头可以夹肉吃呢？这时候，如果仅仅告诉你馒头可以夹肉吃是没有用的，一定要给你一次夹着肉吃馒头的机会，这样你才能真正有所体会——原来馒头夹肉如此美味！所以，人其实也可以避免犯相同的错误，但前提是他首先已经正视了自己的内心需求，并且尝试了不犯这种错误能生活得更好的新的体验，只可惜这样的机缘并非我们每次都能遇见和把握。

为什么一点小事就能让我们崩溃

在不适应的模式当中，我们很可能因压抑自己的真实感受而越来越感到心理资源的耗竭，出现低落、抑郁、焦虑等不同的情绪状态。当这些情绪状态堆积在心中难以排解时，往往一件小事就能让我们感到崩溃了。

问一下自己，我们有多久没有在朋友圈表达过自己的"真情实感"了？随着我们逐渐成长，"深夜伤感文学"逐渐由外显的表达搬进了我们的内心，生活被工作和各种各样的事情占据，"成熟"的我们已经不再会把每件小事都分享在朋友圈了。2019年，"逆行小哥给女友送钥匙被交警拦下后，扔下自行车号啕大哭"的事件引起网友的热烈讨论并登上了热搜，在"成年人的崩溃就在一瞬间"这个话题下，许多网友都分享了令自己崩溃的一瞬间。令人感到意料之外但又在情理之中的是，这些令人崩溃的瞬间全是一些"小事"：排好长的队终于买到一杯心心念念的果汁，结果一不小心洒了一身，瞬间伤心至极、号啕大哭；临出门时找不到手机，感觉全世界都在和自己作对，哭了一大通并且也不想出门了；不小心踢到了桌脚上，疼痛伴随着委屈瞬间淹没了自己……我们可能都很想知道，为什么成年后的我们反而没那么"坚强"了呢？其实，这正是心理亚健康的一种表现，我们为什么会因为一件小事而"崩溃"呢？也许，是我们的内在"客体关系"影响到了自己。

客体关系理论（object-relations theory）最早由克莱因（Klein）提出，它是存在于一个人内心的人际关系形态与模式。客体，包括内在客体和外在客体，外在客体是一些实实在在的人物、地点和事物，而内在客体是一个人内心与客体有关的影像、想法、感觉或记忆等。简单来说，外在客体就是一个人心中外部世界的形象，而内在客体关系就是我们心目中人际关系的形态，尤其是对我们来说比较重要的人际关系形态。每一个人，生来就有自己独特的气质。比如，有的孩子不安全感较强，而有的孩子较为敏感等，这些孩子也会和自己的妈妈之间形成不同的相处模式，这种早期的相处模式很大程度上奠定了一个人后来的人际交往反应模式，即客体关系模式。

心理学家阿德勒（Adler）曾说过，幸运的人一生都在被童年治愈，而不幸的人一生都在治愈童年。一个人的早期经历，是影响一个人应对压力反应的根源。我们中的大部分人都或多或少地存在一定的心理创伤有待被治愈，因为在我们成长的过程中都必然会经历各种各样的事情，有的是好事，有的则是坏事，这些经历都是塑造我们心理的外在条件。当我们成年以后可能发现，现实世界与自己想象中的并不相同，我们不得不学会向现实妥协。其中影响我们心情的，不单单是事情本身，还有事情中的重要他人，比如他人对待我们的方式、他人给我们的评价等，都让我们会不由自主地想起小时候被父母对待、评价时，自己内心不舒服的感受。在这种不适应的模式当中，我们很可能因压抑自己的真实感受而越来越感到心理资源的耗竭，出现低落、抑郁、焦虑等不同的情绪状态。当这些情绪状态堆积在心中难以排解时，往往一件小事就能让我们感到崩溃了。因此，当我们察觉到自己在不停"重复"过往的模式时，不妨停下来、静下来，跳脱出这个恶性循环，认真地告诉自己："我已经不是小时候的那个我了！"

我们为什么不喜欢完美的人

一般而言，我们喜欢有才能的人，但是如果一个人过分展现自己的才能，表现得方方面面都强于我们，就会使我们感觉自己很弱小、无能，导致自我价值在无形之中受到贬损，这是我们内心所拒绝的。

说起中国当代作家余华，相信大家都不陌生，他的作品《在细雨中呼喊》《活着》《许三观卖血记》等可谓家喻户晓，他以极具批判性与洞察力的语言，建构起了一个个奇异、怪诞的文学世界。这样一位文坛大家，近日却因他的采访被引起了广泛关注。采访中，余华直言自己本是牙医，只因不想上班，才选择"弃医从文"成为作家。当他被记者夸赞写作语言简洁时，余华直接回答："那是因为我认识的字少。"一时间，这些采访名场面为余华收获了无数好感，甚至让他多了许多年轻书迷，有人调侃："余华是一个典型的把悲伤留给读者，把快乐留给自己的作家。"其实，余华并不是第一位靠"自黑"赢得好感的名人。然而，问题是我们为什么总是对偶尔暴露一些自己小缺点的名人更有好感呢？

在心理学中，有一个现象称为犯错误效应（the pratfall effect），说的是才能平庸的人很难赢得他人的倾慕，而十全十美的人也未必讨人喜欢。美国社会心理学家阿伦森（Aronson）做过一项实验，实验情境是在一个竞争激烈的演讲会上，首先，他把"才能高低"和"是否犯错"两个维度相组合，呈现出四类选手：第一种，才能出众，但不小心打翻了饮料；第二种，才能出众，全程都没有出错；第三种，才能平庸，也不小心打翻了饮料；第四种，才能平庸，全程也没有出错。其次，他让参与实验的观众进行好感度评分，评分结果呈现了一个有趣的现象：好感度评分最高的不是才能出众且没有犯错的第二种选手，而是有才能但犯了小错的第一种选手。这一实验结果生动有趣地告诉我们：偶尔犯一些小错误反而会使有才能的人获得更多喜爱。

对于这一实验发现，目前主要有两种解释：一种解释认为，"金无足赤，人无完人"，过于优秀的人会给我们一种不安全、不真实的感受，我们很难真正地认同和接纳无可挑剔的人，更多时候只是敬而远之，这时我们的心理距离是远的。就像很多时候，在大众媒体的传播渲染之下，名人名家们显得过于完美和失真，让人感觉高高在上，几乎不食人间烟火。而一旦我们发现他们偶尔也有无伤大雅的缺点，看到他们"神性"背后的"人性"，认识到他们也只不过是在某些方面格外出众的普通人而已，我们的心理距离就会随之减小，内心会感受到更加亲切和放松。另一种解释是，我们每个人总有一种保护自我价值的倾向。一般而言，我们喜欢有才能的人，但是如果一个人过分展现自己的才能，表现得方方面面都强于我们，就会使我们感觉自己很弱小、无能，导致自我价值在无形之中受到贬损，这是我们内心所拒绝的。演员安妮·海瑟薇就是个很典型的例子，她美貌而兼具演技，却被评为"2013年美国人最讨厌的名人"，讨厌她的人表示她过分维护自己的完美形象，缺少真性情。可换个角度去想，维护自身形象本就是演员的职责，对工作保持认真也并没有错，而人们如潮的反感是否只是自我价值保护在作祟呢？

我们在日常生活与人际交往中，不必对自己过分苛责，不用事事胜人一筹。因为，真实其实比完美更能持久打动人心。

为什么我们要穿得一样

情侣装、亲子装、家庭装等之所以流行开来,其所承载的使命绝不仅仅是单纯的"仪式感",而是要向世人宣称,我和身旁的那个他或他们是一个整体。

服装,往往是承载着时间和回忆的物件。集体服装,更是一个人人生各阶段的标志性象征:少年时代的校服、青年时代的情侣装、进入职场的工作服、组建家庭后的亲子装……这些服装将我们的一生串联在一起,留下不尽的回忆。但是,你是否想过一个问题:

为什么我们总是需要穿着统一的服装,难道仅仅是为了满足所谓的"仪式感"吗?

格式塔学派的心理学家韦特海默(Wertheimer)给我们提供了一个有趣的视角。对于许多人而言,"格式塔"这个词语或许有些陌生,这是德文"gestalt"的音译,其主要意指"完形"。完形,顾名思义,是具有不同部分分离特性的有机整体。因此,格式塔流派认为,知觉不能被分解为零碎的组成部分,知觉的基本单位就是知觉本身。所以,格式塔心理学(gestalt psychology)的第一信条就是:整体大于部分之和。作为格式塔心理学派的"执牛耳者",韦特海默提出了知觉的组织原则(principle of perceptual organization),又叫作知觉组织的普雷格郎茨原则(the principle of Pragnanz),描述的是人们如何把离散的感觉输入知觉而成为一个整体。这个原则还包括了几项子原则:一是相似原则,即当刺激物的形状、大小、颜色、强度等物理属性方面比较相似时,这些刺激物就容易被我们视为一个整体;二是接近原则,即邻近的物体会被我们认为是一个整体，比如在排版设计工作中就会经常运用到这一原则；三是闭合原则，即有些图形是一个没有闭合的残缺的图形，但我们总有一种使其闭合的倾向，换言之，作为知觉的主体，我们能自行填补缺口而把其视为一个整体；四是共同命运原则，即比起静止的、往不同方向运动的物体，我们总是认为在同一运动方向上的物体更像一个整体。总而言之，我们习惯于把相近的事物、相似的事物、具有对称性质的事物、具有衔接性的事物等，当作是一个整体而不是以个体看待，这一倾向是"刻"在我们的DNA上的。

所以，在特定的场合，比如校园，我们常会为了能让自己与集体看起来更和谐，或是能更加自然地融入集体之中，而自觉地穿上校服。个别两个不穿校服，或是把校服穿得与众不同的人，会被大家视为极具个性、异常显眼的存在。再比如，在企业里，老板为了增强集体凝聚力，让员工更加快速地认同自己是公司的一部分，也常常会用工作服来增强这种认同感。同样,团体竞技类比赛中的队服也是这个道理。所以,情侣装、亲子装、家庭装等之所以流行开来,其所承载的使命绝不仅仅是单纯的"仪式感",而是要向世人宣称,我和身旁的那个他或他们是一个整体,我们会同舟共济、相濡以沫!

哪里来的"夫妻相"

亲密的伴侣互相"雕刻",使每个人更接近理想的自己,从而使彼此最好的一面显现出来。从中,我们可以感受和觉察出自己和爱人共同的成长和进步。

你是否曾听人说起过,在一起生活几十年并且婚姻美满的夫妻会出现一种有趣的现象:他们之间长期的和谐关系似乎会在他们的脸上留下印记!他们的容貌会越来越相似,显然这是长年累月共同的情感体验对面部肌肉形成影响的结果。每一种情感都会放松或者收紧某些特定的面部肌肉,当夫妻一起微笑或者皱眉的时候,他们的面部肌肉也在做着同样的运动。久而久之,他们就会逐渐形成相似的面部曲线、皱纹等,因而会变得越来越相像。这就是人们常说的"夫妻相"。那么,为什么会出现这种现象呢?

心理学家鲁斯布特(Rusbult)曾对此进行过系统的研究。他邀请已婚夫妇作为实验被试,来讨论各自想要完成的目标,并由训练有素的研究人员来观察和评估这些夫妻在交流过程中表现出的肯定行为的程度,包括是否帮助伴侣制订明确的计划,以及为伴侣提供帮助或赞扬伴侣的追求等。4个月后,鲁斯布特询问被试是否实现了他们在谈话中讨论的目标。研究结果发现,当伴侣在与被试的对话中更加肯定被试时,被试更有可能实现他们的目标。也就是说,伴侣的肯定对被试起到了积极的促进作用,帮助他们向着理想更进了一步。由此看来,"夫妻相"不仅是说夫妻双方外貌的相像,同时也与其婚姻家庭生活的美满幸福程度紧密相关。这就像伟大的艺术家米开朗基罗的雕塑一样，随着时间的推移，夫妻之间会不知不觉地"雕刻"对方，通过无数次的交流来获得改变。鲁斯布特把这种夫妻双方之间彼此影响、成就美好的"雕刻"作用称为米开朗基罗效应（Michelangelo effect）。

这里所谓的"雕刻"，其实就是帮助伴侣整合现实自我与理想自我而作出的积极努力。但如果我们对伴侣的"雕刻"和伴侣的理想自我相去甚远，那么对伴侣的肯定和鼓励也很有可能会起到完全相反的作用。这就好比一个喜欢享受奋斗的过程所带来的幸福的人，如果他的伴侣总是对他奋斗的结果称赞不已，那就没有产生积极的互动和共鸣，长此以往还可能导致夫妻双方的关系渐行渐远。因此，帮助伴侣实现理想自我中最核心、最重要的部分，相较于帮助他们实现理想自我中的其他部分而言，会有更积极的效果。这就如同雕塑家想要有效地雕刻一块石头，不仅需要了解沉睡在石头中的理想状态，还需要认识到石头固有的特点。只有充分地了解和支持自己的伴侣，才能更好地共同"雕刻"和"塑造"出幸福的婚姻家庭。

正如米开朗基罗把他的雕塑过程看作是发挥石材的潜力,将它们塑造成理想中的样子,亲密的伴侣互相"雕刻",使每个人更接近理想的自己,从而使彼此最好的一面显现出来。从中,我们可以感受和觉察出自己和爱人共同的成长和进步。这正如我们常说的:"和 TA 在一起,让我成为了更好的自己。"

为什么"家暴"会陷入循环

暴力注定会让婚姻走向破碎,当暴力发生时要让施暴者明白,暴力并不能解决问题,并且会带来惩罚,这样才能有效地遏制暴力的再次发生。

电影《消失的她》在全国各大影院上映仅 10 天就创造了 20 亿元的票房神话。这是一部以犯罪、悬疑为主题的影片,故事主要围绕一对夫妻展开。影片刚刚上映就引发了广大网友的热议,同时"恐婚""家暴"等话题相继冲上热搜。"家暴"在婚姻当中是一个敏感话题，一直受到社会各界的广泛关注。最初，很多人对家暴的认识可能来自一部家喻户晓的电视剧《不要和陌生人说话》，剧中妻子因为和其他男子说了一句话，就换来了丈夫的拳打脚踢，妻子的一再忍让，换来的却是丈夫一而再再而三的挥拳相向。剧中场面令人毛骨悚然，男主安嘉和更是成了无数人的童年噩梦。有人说，家暴只有一次和无数次，家暴一旦开始就永无休止，一次次地原谅没有让婚姻走向幸福，却将生活推向深渊。究竟是什么原因让举起的拳头无法停下，让家暴一而再再而三地发生？也许，我们可以从路径依赖理论中找到答案。

最早，诺思（North）通过猴子拿香蕉的实验证明了路径依赖（path-dependence）的存在。实验人员将5只猴子放在一只笼子里，并在笼子中间吊上一串香蕉，只要有猴子伸手去拿香蕉，实验人员就用高压水枪教训所有的猴子，直到没有一只猴子再敢动手。然后，实验人员用一只新猴子替换笼子里原来的一只猴子，因为新来的猴子不懂"规矩"，伸出手去拿挂着的香蕉，结果这个行为触怒了原来笼子里剩下的4只猴子，于是它们便把新来的猴子暴打一顿，直到它服从这里的"规矩"为止。之后，实验人员不断地将最初经历过高压水枪惩戒的猴子换出来，直至笼子里的猴子全是新的，但没有一只猴子敢再去碰香蕉。起初，猴子或许是因为怕受到连累，因此不允许其他猴子去碰香蕉，这是合理的。但后来消除了高压水枪这个惩罚后，新来的猴子却依然固守着"不许拿香蕉"的制度不变，这就是路径依赖的自我强化效应。

所谓的路径依赖，说的就是在人类社会的技术演进或制度变迁中，均有类似于物理学中的"惯性"的存在，即一旦进入某一路径，无论是"好"还是"坏"，都可能对这种路径产生依赖。生活中，我们一旦作出了某种选择，就很可能会"上瘾"，惯性的力量会使这一选择不断被自我强化，并让我们轻易走不出去。同样，在琐碎的家庭生活里，再相爱的夫妻也难免会产生摩擦，而在冲突产生后双方处理冲突的方式就成了婚姻关系能否走向和谐的重要影响因素。在最初的冲突中,如果施暴者挥起拳头有效地解决了冲突,之后施暴者很可能会产生自我强化,对此产生路径依赖,认为暴力是解决当前问题的有效方法,自此"家暴"就产生了,并且可能一而再再而三地成为当事人解决冲突的手段。这也许就是"家暴"的拳头停不下来的原因。

不难想见,暴力注定会让婚姻走向破碎,当暴力发生时要让施暴者明白,暴力并不能解决问题,并且会带来惩罚,这样才能有效地遏制暴力的再次发生。因此,夫妻双方只有采用相对缓和的冲突处理路径,习惯非暴力沟通的方式化解矛盾,这样的婚姻关系才能更加牢固。

是什么让你向"生娃"妥协

"人生而自由,这种自由是选择的自由"。同样地,人生有趣之处,也在于选择与体验。

"丁克"一词源自西方,说的是一个家庭有"两份收入,没有孩子"。20世纪80年代,国内涌现了第一批"丁克潮",在当时引起了广泛关注和争议。今时今日,随着社会的包容度不断提升,结婚还是单身、生娃还是丁克都成了个人的选择,那些后悔"丁克"而自愿成为"大龄父母"的"白丁族"又引发了一波热议。一方面，收入越高的家庭"丁克"的比例越大，经济越发达的地区"丁克"家庭占比越多；而另一方面，"丁克"多年后又反悔的家庭几乎占了八成。当年追求自由的年轻人，为什么最终又选择了生儿育女？是什么原因使他们违背了当初的意愿，重新过起了"普通人"的生活呢？

心理学家海德（Heider）认为，在社会环境中生活着的我们，是与外界各种事件、人、文化等因素紧密相连的。所以，无论我们的体验是快乐还是不快乐，都取决于我们与外界各种因素的关系和状态。据此，海德提出了认知平衡理论（Heider's balance theory）。他认为，我们的认知结构是平衡而协调的系统，其中包含了我们自己（即"P"）、其他个体（即"O"）和认知对象（即"X"）三个要素，即"P-O-X"模型。比如，当我们处于"爱屋及乌""敌人的敌人就是朋友"等情境中时，我们的认知就是平衡的，此时我们会感到心情顺畅、愉悦松弛；而当我们处于"与恋人三观不合"等类似的情境中时，我们的认知则是处于非平衡状态的，会如同紧绷的弓弦一般，并会不由得感到紧张、焦虑，而为了能够回到松弛状态，这种不愉快的体验会转变为一种动力，促使我们有所行动。

以"丁克"夫妻为例，或许在年轻时他们不会遇到太多阻碍，可到了一定的年纪以后，一方面，他们身边的朋友可能陆续有了自己的孩子，聚会、聊天、娱乐等也越来越绕不开"育儿经"了，没有孩子的他们自然而然逐渐成了"边缘人"；另一方面，他们还可能受到更多来自长辈的压力，传统观念相对根深蒂固的父母终究无法接受子女真的"丁克"一生，随之带来的摩擦也会越来越多。这时，"丁克"夫妻的体验想必是相当不愉快的。那么，为了消除这种不愉快，我们一般会怎么做呢？通常有三种可能。第一种是扭转"三角"上某一要素的情感评价方向。比如，为了摆脱不愉快，有的"丁克"夫妻的态度会大转弯，火急火燎地抓住育龄的"尾巴"。第二种是解除"三角"上某两个要素的关联。比如，有的"丁克"夫妻会重新考虑自己与朋友、亲人的关系，产生"各有各的活法"的念头，甚至会远离现有的交往圈。第三种是区别归因，也就是给"三角"上的某两个要素重新归因。比如，有的"丁克"夫妻会认为，亲友施压的目的在于希望自己过上幸福完整的人生，所以只要自己的生活能够以另一种途径幸福完整，亲友们自然就不会反对了。总之，无论是采取哪种方式，"丁克"夫妻的认知都能重新回到平衡。

结合现实我们不难发现，生活中，多数人会选择第一种解决方式，即扭转对生育的态度，成为"白白地丁克了一回"的"白丁族"。这是因为在调整不平衡状态时，我们一般会遵循费力最小原则，即会改变比较容易改变的，而不是花费大力气去改变代价高、风险大的。毕竟对很多普通人而言，脱离多年来早已习惯的家人和亲友是需要很大勇气的，情感上往往也很难接受；而在没有孩子作为"幸福纽带"的状态下，还能将自己的人生过得精彩纷呈、令人艳羡，更是需要付出极大努力且是充满不确定性的。所以，在利弊权衡一番后，"丁克"夫妻转变想法，觉得"生个孩子也不错"，就不那么奇怪了。

当然，"人生而自由，这种自由是选择的自由"。人生有趣之处，也在于选择与体验。无论是"丁克"，还是子孙满堂，听从内心的声音，慎重地为自己的未来选择，就无须遗憾。

参考文献

[1] ARONSON E, WILLERMAN B, FLOYD J. The effect of a pratfall on increasing interpersonal attractiveness [J]. Psychonomic Science, 1966 (6): 227-228.

[2] BANDURA A. Social learning theory of aggression. Journal of Communication, 1978, 28 (3): 12-27.

[3] FREUD S. The Interpretation of Dreams. Standard Edition, 1900.

[4] FREUD S. The Ego and the Id. Hogarth Press and Institute of Psycho Analysis, 1927.

[5] FREUD S. Beyond the Pleasure Principle. Penguin

Books, 2007.

[6] HEIDER F. The Psychology of Interpersonal Relations. Psychology Press, 1982.

[7] JUNG C G. The Archetypes and the Collective Unconscious. Princeton University Press, 1981.

[8] KLEIN M. The Psycho-analysis of Children. Hogarth Press, 1932.

[9] MASLOW A H. A theroy of human motivation. Psychological Review, 1943 (4): 370-396.

[10] NORTH D C. Structure and Change in Economic History. W. W. Norton, 1981.

[11] RUSBULT C E, Vance E. Michelangelo effects in intimate relationships: The importance of indirect and symbolic reinforcement. Journal of Personality and Social Psychology, 1987, 52 (1): 49-67.

[12] SATIR V. Review of multiple impact therapy with families. American Journal of Orthopsychiatry, 1965 (1): 170-173.

[13] TAJFEL H. Social identity and intergrop behavior. Social Science Information, 1974, 13 (2): 65-93.

[14] TREISMAN A M. Monitoring and storage of irrelevant messages in selective attention: Science direct. Journal of Verbal Learning and Verbal Behavior, 1964 (6): 449-459.

[15] WERTHEIMER M. Laws of organization in perceptual forms. Psychologische Forschung, 1938 (4): 71-88.

跋

让心理学成为婚姻家庭生活里的"调味剂"

有人说,"早婚早出息,晚婚晚享福";也有人说,"婚姻是爱情的坟墓"。婚姻究竟是怎样的,每个人有每个人的经历,每个人有每个人的理解。但共同的是,婚姻是家庭生活的重要组成部分,是相互坦诚相待,愿意携手迎接生活的幸福与平淡;是相互彼此照应,愿意一起面对生活的惊喜与不甘;是相互信赖,愿意共同走过生活的美好与挑战。然而,现实中的很多时候,我们对婚姻常常抱有较高的期待,以至于忘记了幸福本来的样子。

作为一名心理学工作者,我常常在想,心理学在婚姻关系中有什么实际用处呢?大概,心理学可以是一种调味剂吧。要想做出一盘色香味俱全的菜,就要针对不同的情况放不同的调味料。味道淡了,就加点盐;腥了,就加点料酒。婚姻生活也是这样,感到厌倦或无聊时,可以给对方准备一个小惊喜,来找到新的乐趣,重燃激情的火花;发现对方不小心犯错误了,那就抱抱他说没关系,世上没有人是完美的;发现对方误会自己了,就心平气和地向对方解释,借机传授一些有效的沟通技巧。婚姻生活不会一直是甜蜜的,需要夫妻双方的理解互谅和共同努力,而心理学在这个过程中扮演着至关重要的角色。

除了婚姻生活,家庭关系中的心理学也是一门深奥而美妙的学问,它关系到整个家庭社会关系的发展。家庭中每个成员的个性不同,喜好也不同,难免会有磕磕碰碰。孩子成绩不好时,接受孩子的平凡,不要过度"鸡娃";育儿观念出现差异时,试着换位思考,学着使用"非暴力沟通"的方式;父母抱怨感到孤独时,常给他们打个电话,增进亲密度和情感联结。通过家庭成员之间的相互支持和理解,能够更好地帮助对方实现其个人目标和丰盈家庭梦想。婚姻家庭心理学能够告诉我们，婚姻与家庭并不是束缚和限制，而是一个共同成长、实现价值和超越自我的平台。

总之，婚姻家庭关系是一个需要不断投入和努力的过程，而心理学为我们提供了一种宝贵的视角。但是，婚姻家庭关系中的心理学也不是一劳永逸的解决方案，而是一个持续学习和发展的过程。每对夫妻、每个家庭都需要独立面对各自不同的情况和挑战，都需要根据自身进行调整和适应。

最后，让我们以感恩和宽容的心态来面对婚姻和家庭生活中的挑战。通过理解、支持和尊重，我们可以共同创造一个温馨、幸福的家庭，让爱和关怀成为家庭的基石，让心理学成为我们家庭关系的"调味剂"，为我们的婚姻和家庭增添更多的美好和意义。

陈沛然　汪娟娟
2023 年 9 月